d: Z
de Senne
2642

INSTITUT DE FRANCE

ACADÉMIE DES SCIENCES MORALES ET POLITIQUES

LA
JOURNÉE D'UN CONSEILLER
AU PARLEMENT DE PARIS
AU XVIᵉ SIÈCLE

PAR

M. GLASSON

Lu dans la séance du 3 octobre 1896.

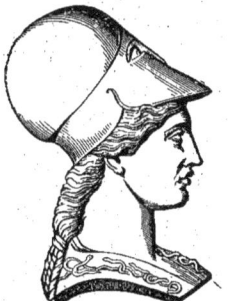

PARIS
TYPOGRAPHIE DE FIRMIN-DIDOT ET Cⁱᵉ
IMPRIMEURS DE L'INSTITUT DE FRANCE, RUE JACOB, 56

M DCCC XCVIII

INSTITUT DE FRANCE

ACADÉMIE DES SCIENCES MORALES ET POLITIQUES

LA JOURNÉE D'UN CONSEILLER
AU PARLEMENT DE PARIS
AU XVIᵉ SIÈCLE

PAR

M. GLASSON

Lu dans la séance du 3 octobre 1896.

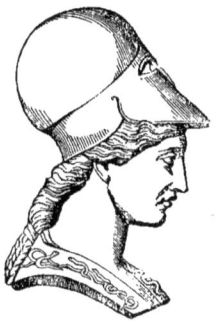

PARIS
TYPOGRAPHIE DE FIRMIN-DIDOT ET Cⁱᵉ
IMPRIMEURS DE L'INSTITUT DE FRANCE, RUE JACOB, 56

M DCCC XCVIII

LA
JOURNÉE D'UN CONSEILLER

AU PARLEMENT DE PARIS

AU XVIe SIÈCLE

PAR

M. GLASSON

Lu dans la séance du 3 octobre 1896.

Notre ancienne magistrature n'a pas eu d'égale en Europe. Nos rois le savaient bien; ils étaient fiers de leur Parlement de Paris et le montraient avec un légitime orgueil aux princes étrangers. François Ier fit assister Charles-Quint à une audience du Parlement et Henri IV y conduisit le duc de Savoie. Nous avons exposé ailleurs quel était le dévouement de la magistrature pour le roi, c'est-à-dire pour l'État; dévouement bien différent de celui de la noblesse; qui n'a jamais fléchi, tout en se manifestant parfois avec une certaine réserve; qui s'attachait plus à la monarchie qu'à la personne même du prince; qui se révélait dans les grandes circonstances par un courage civique vraiment héroïque et, dans les temps ordinaires, par le véritable esprit de justice. Les grands traits de la vie de nos anciens magistrats sont généralement connus et l'histoire en a conservé le souvenir. Mais on a volontiers négligé les petits côtés de la vie journalière de ces magistrats. Nous voudrions en rappeler quelques-uns, non pour abaisser nos magistrats, mais pour les faire connaître d'une manière plus complète. L'homme le plus éminent est soumis aux faiblesses, aux mœurs, aux usages, aux préjugés de son temps. Voyons donc d'après les documents de l'époque comment un conseiller au Parlement de Paris employait sa journée au XVIe siècle.

Il fallait être très matinal, car l'audience ouvrait à la première heure du jour et même avant le jour pendant une partie de l'année. Le conseiller avait, dès le début de sa carrière, pris l'habitude de se lever de très bonne heure pour réunir les dossiers qu'il avait préparés la veille et pour procéder à sa toilette. L'habillement et le costume n'étaient pas alors chose de médiocre importance. La société ignorait, jusque dans les moindres détails de la vie, nos principes de liberté et d'égalité et par cela même la simplicité du costume qui fait paraître nos démocraties modernes sous un jour terne et monotone. Clergé, noblesse, tiers-état, magistrature, corporations, corps de ville, formaient autant d'associations fondées sur la communauté des intérêts et qui tenaient lieu, tant bien que mal, et s'il est possible, des droits de l'homme et du citoyen.

Dès qu'on appartenait à l'un de ces corps sociaux, il était nécessaire d'en faire la preuve en toutes circonstances. De là le port presque obligatoire d'un costume, aussi bien dans la vie privée que dans l'exercice des fonctions publiques. Ce costume devait être conforme au caractère et aux fonctions du personnage qui le portait. Les magistrats revêtus d'une sorte de sacerdoce, organes de la justice, gardiens des droits du roi et de l'État, étaient assujettis à un costume en rapport avec leur dignité professionnelle. Ils le portaient à la ville comme au palais. On a étudié ailleurs les origines de ce costume de la magistrature; il suffira de dire ici comment s'habillait un conseiller au Parlement au XVIe siècle. Les ordonnances royales et les mercuriales prescrivaient aux conseillers de venir à l'audience avec des habits décents, robes à manches larges et soutanes à manches. Les pourpoints découpés, les jupins à découvert, les chausses et les habits de couleur étaient interdits et ces prescriptions, d'abord limitées aux membres du Parlement, avaient été, par l'arrêt du 6 octobre 1550, étendues aux avocats, procureurs, huissiers, sergents, clercs du greffe ou du parquet, magistrats ou officiers des autres sièges royaux (1). La soutane d'un homme de loi pouvait être d'une étoffe quelconque, mais nécessairement de couleur noire. Tout autre costume est déclaré indécent. Le magistrat est-il de robe courte, encore faut-il que sa robe descende au-dessous du genou (2). Les guerres civiles avaient toutefois été le prétexte à bien des changements et certains magistrats s'étaient laissé séduire par les raffinements des modes italiennes. C'est ainsi que le chaperon

---

(1) Voy. mon Mémoire sur *Les origines du costume de la magistrature*, dans les *Séances et travaux de l'Académie des Sciences morales*, t. CXIX, p. 85.
(2) De Boislisle, *Chambre des comptes*, p. 95.

qui s'était porté sur la tête au XVIᵉ siècle, devint un simple ornement qu'on laissa pendre sur l'épaule, et pour protéger la tête, on mit des bonnets carrés. Mais on ne tarda pas à constater que ces bonnets ne préservaient ni de la pluie, ni des rayons du soleil; aussi plaça-t-on à la ville sur le bonnet un chapeau qu'on retirait en entrant au palais. Certains magistrats ne pouvaient résister à la tentation de se revêtir d'habits parfumés et musqués, relevés par toutes sortes d'agréments, au risque d'encourir l'indignation de collègues plus fidèles aux anciennes traditions et qui leur reprochaient amèrement de s'entourer « d'affiquets et autres choses propres ou ordinaires aux femmes » (1). Une mercuriale de 1602 dut rappeler aux conseillers du Parlement de ne plus porter de bas de couleur tannée, violets ou gris, de s'abstenir des souliers, mules et mulets de couleur rouge, verte ou autre que le noir. La Roche Flavin se plaint vivement de ce que certains de ses collègues préfèrent les habits des gens d'armes ou de la cour à la robe, le chapeau au bonnet carré, les pourpoints découpés aux soutanes à manches; ils compromettent, dit-il, la dignité de leur profession. Il n'est pas plus satisfait de quelques autres conseillers qui viennent au palais avec de vieilles robes de drap ou de serge, montrant la corde et la crotte et la tête couverte de vieux chapeaux graisseux. Le magistrat ne doit afficher dans son costume ni le luxe, ni l'avarice. Que sa femme comme celle de l'avocat ou du procureur suive la mode du temps, on ne saurait l'en empêcher. Ces dames ont quitté la laine, le drap et même la soie pour préférer

---

(1) La Roche Flavin, *Treize livres des Parlements de France*, p. 455.

les étoffes de crêpe, taffetas et étamine, si légères, dit un magistrat de ce temps, qu'au toucher il semble qu'on rencontre des corps nus et qu'on puisse reconnaître les veines et les artères. Mais le conseiller doit s'abstenir de pareilles indécences, comme aussi de se farder le visage, de se parfumer, de se peindre la barbe et les cheveux. « Il me souvient, dit encore La Roche Flavin, avoir lu quelque part, qu'un empereur ayant refusé quelque chose à un certain ayant la barbe blanche, le même s'étant fait peindre sa barbe de couleur noire et étant venu redemander la même chose à l'empereur le lendemain, il répondit ne la lui pouvoir accorder, parce que le jour précédent il l'avait refusée à son père. Il y en a qui le font pour couvrir et cacher leur âge et vieillesse et se rendre plus agréables aux femmes et par là tromper quelques jeunes filles ou femmes en mariage, le tout indigne d'un juge ou magistrat, même d'un souverain qui doit, en toutes choses, montrer bon exemple aux autres (1). »

Les conseillers avaient commencé, à l'imitation du roi, par se raser entièrement la barbe et tenir les cheveux longs couvrant les oreilles. Mais au XVIe siècle, les goûts et la mode avaient changé et les magistrats eux-mêmes portaient la barbe de diverses façons. Certains jeunes conseillers se présentaient à l'audience, le poil coupé ras, mais non rasé cependant, avec des grandes moustaches fort relevées et frisées au fer chaud selon la mode des Turcs. Rien n'était plus scandaleux, disent les anciens, qui laissaient pousser toute leur barbe et la portaient longue pour

---

(1) La Roche Flavin, *op. cit.*, livre VIII, chap. 13, p. 454 et suiv.

se donner la gravité des sénateurs romains. D'autres soutenaient cependant que la barbe longue causaitcertaines maladies et qu'elle rendait les hommes tristes. Mais ils disaient, comme l'archevêque de Toulouse, que pour éviter à la fois la maladie et la mélancolie, il suffisait de rafraîchir sa barbe de temps à autre.

Pendant que le conseiller donnait ainsi ses premiers soins à sa toilette, ses gens harnachaient sa mule, car le magistrat ne se rendait pas à pied au palais. Les carrosses n'existaient pas encore; monter à cheval eût été une imprudence pour un homme de robe et aurait pu lui causer plus d'un désagrément; la mule au pas tranquille convenait mieux à son caractère grave et pacifique. Déjà, en 1413, le chancelier ayant prescrit aux membres du Parlement, ainsi qu'aux avocats et aux procureurs, de l'accompagner en armes et à cheval, dans une tournée qu'il devait faire à Paris, pour assurer l'ordre public et prendre certaines précautions contre le duc de Bourgogne dont on annonçait l'arrivée prochaine sous les murs de la capitale, le Parlement, peu soucieux à cette époque de se mêler des affaires politiques, avait répondu, dans l'espoir de se soustraire à cette injonction, que les conseillers n'avaient pas coutume de chevaucher par la ville et qu'appartenant à la cour de justice, ils se bornaient à se rendre en mule au palais (1). Après la Saint-Barthélemy et alors que le roi avait prescrit la cessation des tueries, le président La Place, homme des plus experts et renommé au palais, qui était huguenot, fut tué au moment où il se rendait au Parlement

---

(1) Voyez *Histoire du droit et des institutions de la France*, t. VI, p. 280.

sur sa mule (1). Parfois les hommes de guerre s'étaient permis de sourire à la vue des magistrats montés sur leurs mules. Mais les magistrats ne se laissaient pas émouvoir et répondaient en dissertant gravement sur la supériorité de la mule comparée au cheval. Pendant les dernières années du XVIe siècle, l'ancien usage tendit cependant à disparaître. « Les guerres civiles, dit un auteur du temps, ont été cause qu'on a quitté les mules pour prendre les chevaux plus vites à la fuite et à se sauver des emprisonnements fréquents durant icelles et pour n'être sitôt reconnus aux champs. » Pour ramener les magistrats aux vieux usages, on leur rappelait en vain que le pape et les cardinaux ne montaient que sur des mules; que dans l'antiquité Auguste avait acheté fort cher une mule pour son usage personnel; que François Ier montait toujours à mule, sauf à la guerre et à la chasse et que sa mule avait une allure si vive que tous ses courtisans étaient obligés de galoper pour la suivre. Rien n'y fit. L'usage de la mule ne revint pas et bientôt même on vit des magistrats arriver en carrosse au palais. Ce fut encore un nouveau scandale pour les anciens. Rien ne leur parut plus extravagant, sans compter que les carrosses menaçaient d'écraser ceux qui venaient plus modestement à pied ou à cheval. La Roche Flavin espère bien que cette nouvelle mode ne durera pas et que, suivant son expression, le coût en ôtera le goût (2). « S'est aussi de notre temps glissé l'usage des coches et après des carrosses, parmi les magistrats du Parlement,

---

(1) *Mémoires* de HATON, t. II, p. 686.
(2) LA ROCHE FLAVIN, *op. cit.*, liv. VIII, chap. 13. p. 459.

qui est une grande dépense et une acquisition de rentes passives de 800 à 1 000 livres, pour l'entretènement desquels il faut employer une autre fois autant de gages que le roi donne aux conseillers. Et serait fort utile qu'il y eût un édit de suppression des carrosses, sauf aux princes ou grands seigneurs, pour faire distinction des personnes. Parmi les Thraces, le gentilhomme seul allait à cheval, et à Rome, les femmes des nobles seules allaient en litière. Avant l'usage desquelles en France, les derniers rois de la première race marchaient par pays en un chariot mené de quatre bœufs, comme j'ai vu en Tholose. Les présidents et conseillers et plus qualifiées femmes s'en allaient en leurs terres aux champs, avec une charrette traînée par des bœufs ou juments de labourage avec un matelas dedans, couvertes d'une tapisserie ou de feuillage (1). » A quel point La Roche Flavin aurait-il été scandalisé s'il avait connu le train de maison d'un magistrat du XVIIe ou du XVIIIe siècle? Déjà sous la Fronde, une satire constate à regret que *nos seigneurs* du Parlement ne vont plus au palais comme au temps passé sur des mules avec un clerc et sans laquais; dès le ministère de Richelieu, tout conseiller vient en carrosse au Parlement, il a six chevaux à l'écurie, sa maison comprend au moins deux valets de chambre, quatre laquais, deux palefreniers, et celle de sa femme est aussi nombreuse.

Arrivé au palais, le magistrat confiait sa mule à un valet; il n'y avait pas d'écurie pour recevoir les montures des conseillers et autres gens de justice. On les gardait dans

---

(1) La Roche Flavin, *op. cit.*, liv. VIII, chap. 34, p. 502.

une vaste cour et les nombreux valets chargés de cette surveillance s'occupaient moins de leurs bêtes que de leurs querelles. Ils étaient en effet en guerre continuelle avec les clercs des procureurs, des sergents et des huissiers. Des injures, on passait volontiers aux coups et parfois on se livrait de véritables batailles rangées.

Au XV° siècle, il fallait être présent au palais, avant six heures, depuis Pâques jusqu'aux vacances; avant six heures un quart, de la rentrée à Pâques, sous peine de perdre les gages de la journée et de payer une amende dont le profit était attribué à l'Hôtel-Dieu ou aux Quinze-Vingts (1). D'après une ordonnance de Charles VII de 1453, art. 68, l'audience commencera désormais à sept heures du matin et se tiendra jusqu'à dix heures, sauf en carême où elle aura lieu de huit heures à onze heures. Au XVI° siècle, l'audience avait encore été retardée d'une heure; elle s'ouvrait à huit heures et se terminait à dix heures, sauf encore exception en carême où elle était fixée de neuf heures à onze heures. Mais il ne faut pas oublier qu'en tout temps et avant d'ouvrir l'audience, les magistrats avaient entendu la messe dans la chapelle du palais où elle était dite par un religieux d'un ordre mendiant (2). La messe de rentrée de la Saint-Martin ou messe du Saint-Esprit, malgré la solennité dont on l'entourait, était dite aussi dès la première heure. Les registres du Parlement de Paris nous appren-

---

(1) Aubert, *Histoire du Parlement de Paris*, t. I, p. 180. — Ordonnances de décembre 1320; du 28 octobre 1446, art. 8; d'avril 1454, art. 3.

(2) Delachenal, *Histoire des avocats*, p. 39. Pour Toulouse, voyez La Roche Flavin, *op. cit.*, p. 202 et 422. Le dimanche, les conseillers devaient entendre la messe à leur paroisse; c'était un devoir professionnel.

nent qu'en l'an 1405 et conformément à un ancien usage, le 12 novembre, messire Arnauld de Corbie, chancelier de France, tint le Parlement, et la messe du Saint-Esprit fut dite solennellement, dans la salle du palais, entre six et sept heures du matin, en présence de deux présidents, deux archevêques, quinze évêques, sept maîtres des requêtes de l'Hôtel du roi, des conseillers de la Grand'Chambre, des enquêtes et des requêtes. Cet usage de tenir l'audience dès la première heure du jour n'était d'ailleurs pas propre au Parlement de Paris, mais commun à toutes les cours de justice (1). On sait qu'à cette époque et même encore dans la suite, la vie commençait dans la ville pour tous dès la première heure du jour. Les hommes d'affaires donnaient leur rendez-vous entre six et sept heures du matin; il était permis et d'usage de faire des visites aux dames à partir de huit heures. Dès l'aube, la grande salle et la galerie étaient remplies d'un monde bruyant qui s'agitait dans tous les sens. Le palais était le rendez-vous des oisifs, aussi bien que celui des gens d'affaires; on venait y chercher les nouvelles du jour; c'est là qu'on criait les pamphlets, même ceux qui étaient écrits contre les magistrats. L'entrée du palais était encombrée de petites boutiques où se vendaient toutes sortes de marchandises, à de nombreux clients, et qui s'ouvraient, elles aussi, dès la première heure du jour. Sous Louis XIII et sous Louis XIV, l'audience se tenait encore à huit heures avant Pâques et à sept heures après cette fête. De tout temps, il y eut sans

---

(1) Voyez, par exemple, pour le parlement de Bordeaux, BOSCHERON DES PORTES, *Histoire du Parlement de Bordeaux*, t. I, p. 36.

doute des magistrats en retard; mais il y avait contre eux une sanction sérieuse. On les excluait à raison de leur absence de la distribution des procès, et, par cela même qu'ils n'étaient pas rapporteurs, ils touchaient des épices moins élevées. La Roche Flavin nous apprend que cette mesure fut prise contre un de ses collègues qui était si paresseux, qu'on ne le voyait jamais arriver à l'audience avant neuf heures au matin (1).

Comme, en hiver, l'audience commençait avant le jour, et, qu'après midi, il en était tenu une seconde qui prenait fin à nuit close, après cinq heures, le roi avait donné aux magistrats des torches qu'on appela plus tard bougies, chandelles, flambeaux, pour les entrées et les issues du palais. Les greffiers avaient aussi droit à deux flambeaux aux audiences; mais ils devaient en prêter un aux avocats ou aux procureurs qui étaient obligés de donner lecture de quelque pièce.

L'exactitude était recommandée aux avocats et aux procureurs comme aux magistrats; ils devaient venir aussitôt que la première messe de Saint-Jacques-la-Boucherie avait été chantée et l'audiencier sonnait la cloche pour les convoquer. Mais cette cloche ne pouvait être entendue que de ceux qui demeuraient à une courte distance du palais, et on disait alors que les horloges de la ville différaient plus entre elles pour l'heure que les jurisconsultes et les philosophes dans leurs opinions. Aussi les retardataires trouvaient-ils toujours excuse, et, pour les obliger à l'exactitude, on établit au palais une horloge dont l'heure fut

---

(1) LA ROCHE FLAVIN, *op. cit.*, p. 419; voy. aussi p. 314 et 561.

obligatoire pour tous. L'achèvement de son cadran par le sculpteur du roi, Pilon, fut même un événement et donna lieu à une solennité le 18 novembre 1585 (1).

L'audience du matin, qui devait durer jusqu'à onze heures, se prolongeait souvent jusqu'à midi. Il était absolument interdit de se retirer avant qu'elle fût levée et de se livrer à aucune occupation étrangère à l'affaire en cours d'instruction. On ne pouvait sortir de la salle qu'une fois avec la permission du président.

On eut beaucoup de peine à se décider à ouvrir des audiences après dîner. « On ne doit pas tenir, disait un président, pour avis bien digéré ce qui se fait après dîner (2). » Les audiences de l'après-midi devinrent indispensables à la Grand'Chambre dès le milieu du XIVe siècle, et un peu plus tard à la Tournelle criminelle, à cause de l'augmentation incessante du nombre des procès. Au milieu du XVe siècle, les audiences de relevée ne se tenaient encore qu'à partir du mois de mai ou de juin. Puis il fallut les ouvrir aussitôt Pâques et enfin dès la rentrée de novembre (3). On plaidait trois fois par semaine le matin à la Grand'Chambre, quatre fois à l'approche de la fin d'une session (4). L'après-dîner était réservée aux mesures d'instruction et aux audiences dites de conseil. On plaidait cependant aussi parfois l'après-midi, mais seulement les affaires de médiocre importance. Aussi ces audiences de relevée disparurent-elles de certains Parlements, par l'effet

---

(1) Voy. les *Mémoires* de L'Estoile, t. II, p. 217.
(2) D'Avenel, *Richelieu et la monarchie absolue*, t. III, p. 438.
(3) Aubert, *op. cit.*, t. I, p. 183.
(4) Ordonnance d'octobre 1446.

de la création de présidiaux qui connurent en dernier ressort de ces affaires. C'est ce qui eut lieu notamment à Toulouse. A Bordeaux, au contraire, on conserva ces audiences qu'on appelait audiences des pauvres. Est-il besoin d'ajouter qu'à Paris, elles furent aussi maintenues? Toutefois, au milieu du XVI° siècle, un président du Parlement qui venait de prononcer une condamnation à mort, un soir d'hiver, fut assassiné en sortant du palais, et le meurtrier parvint, à la faveur de la nuit, à échapper aux recherches de la justice. Pour éviter le retour de semblables attentats, la Cour décida qu'à l'avenir, depuis la Saint-Martin jusqu'au carême, elle lèverait toujours l'audience à quatre heures du soir (1).

Ces audiences de l'après-midi étaient devenues une lourde charge pour les magistrats; aussi le roi leur accorda-t-il des gages supplémentaires (2). Il fallut en outre songer aux exigences matérielles de la vie et les conseillers étant désormais obligés de passer une partie de la journée au palais, on y établit de bonne heure une buvette où ils allaient se réconforter en toute saison et se rafraîchir en été. L'entretien de la buvette était supporté par le Parlement qui payait la dépense sur le produit des amendes. Cette amélioration fut fort appréciée des magistrats et dès le XV° siècle, des ordonnances royales leur rappelèrent que l'assiduité est plus nécessaire aux audiences qu'à la buvette. On leur défendit des visites trop fréquentes et

---

(1) LA ROCHE FLAVIN, *op. cit.*, p. 420.
(2) Ordonnance du 4 février 1458, dans le *Recueil du Louvre*, t. XIV, p. 447.

des dépenses trop exagérées (1). La buvette était tenue par le concierge du Parlement, personnage considérable, qui apparaît, dès le XIIIe siècle, avec droit de juridiction dans tout l'enclos du palais et du faubourg Saint-Jacques, exerçant haute et basse justice, par lui-même ou par son lieutenant, au criminel comme au civil, à charge d'appel au Parlement. Cet office était si avantageux, qu'il fut toujours fort recherché, même par les plus hauts personnages et que parfois les chanceliers se l'attribuèrent, sauf bien entendu à se faire remplacer dans l'exercice de leurs fonctions par un lieutenant appelé bailli ou garde de la Conciergerie. C'est à raison même de son droit d'administration, de surveillance et de police sur tout le local de la cour, que le concierge du palais tenait la buvette et fournissait les déjeuners des magistrats moyennant, comme on l'a dit, des indemnités prélevées sur les amendes. Pendant quelque temps, ces repas furent assez modestes, bien qu'on y servît même de la viande; puis le menu s'allongea insensiblement et on en arriva à laisser aux laquais et aux clercs les anciens plats pour se faire servir de véritables festins, au risque de compromettre la lucidité de l'audience de l'après-midi. Les abus devinrent tels que, pour y couper court, le Parlement décida, dans la seconde moitié du XVIe siècle, qu'à l'avenir, le déjeuner du palais ne se composerait que de pain, de beurre et de vin blanc. Ces prescriptions ne furent pas longtemps observées et lorsque, sous les règnes de Louis XIII et de Louis XIV, les ma-

---

(1) AUBERT, op. cit., t. I, p. 151. — Ordonnance du 28 octobre 1446, art. 10; d'avril 1454, art. 4; de juillet 1493, art. 2 et 5.

gistrats s'adonnèrent au luxe dans leurs hôtels particuliers, les dépenses du palais, notamment celles de la buvette, augmentèrent sensiblement. On en arriva à s'offrir des repas copieux et délicats. En 1641, le Parlement de Paris dépensait pour sa buvette la somme considérable de vingt-trois mille livres, ce qui représenterait aujourd'hui la somme de cent quarante mille francs et il ne comptait pas plus de trois cents membres. C'étaient surtout les conseillers les moins fortunés et ceux qui étaient complètement ruinés qui veillaient avec un soin particulier aux fournitures de la buvette. Ils faisaient ainsi bonne chère sans bourse délier et aux frais de la compagnie. D'ailleurs, on oubliait de plus en plus que la sobriété était un devoir du magistrat; par cela même que personne ne pratiquait plus cette vertu, on était porté à croire qu'elle n'existait pas.

L'assiduité aux audiences était un autre devoir plus important des magistrats, sanctionné par des peines disciplinaires sérieuses. Quelques-uns, d'ailleurs, se montraient si scrupuleux qu'ils refusaient de toucher les gages des audiences auxquelles ils n'avaient pas participé. On cite un président des enquêtes qui pendant sa vie avait tenu mémoire des jours où il ne s'était pas rendu au palais et, par son testament, il ordonna à ses héritiers de restituer au roi les gages qu'il avait reçus pour ces audiences (1).

Pour obliger les magistrats à l'exactitude, l'usage voulait que les présidents et les conseillers entrassent par la grande porte de la salle; on leur interdisait la petite porte qui était fermée à clef et ne s'ouvrait que pour l'introduc-

---

(1) LA ROCHE FLAVIN, *op. cit.*, liv. VIII, chap. 2, p. 420.

tion des prisonniers. Le Parlement de Toulouse imita cet exemple donné par le Parlement de Paris et prit les mêmes précautions, « afin, dit un magistrat de cette cour souveraine, que les conseillers jeunes des enquêtes aient honte d'entrer tard, voyant les présidents et conseillers de la Grand'Chambre vieux et anciens déjà entrés et pour les contenir en leurs devoirs (1) ».

Pendant l'audience, le magistrat ne doit jamais oublier qu'il est un prêtre du temple de la justice et il faut que son attitude soit en rapport avec la dignité de ses fonctions. Les ouvrages du temps, relatifs aux devoirs des magistrats, contiennent tout un catéchisme sur sa tenue à l'audience. Le visage doit rester impassible : il ne faut pas se taire seulement de la langue, mais encore par la contenance. Le sieur de La Bourgade avait soin, dès que l'audience s'ouvrait, de tenir les yeux fichés à terre et il ne les levait ensuite que pour opiner. On le citait comme exemple à suivre, à ces magistrats toujours agités, remuants, qui trépignaient sur place ou se mordaient les lèvres en signe de colère ou de dépit, toutes les fois qu'un avocat plaidait contre leur avis. D'autres se mettaient à froncer le sourcil, ce qui ne vaut pas mieux : on ne fait ainsi que des grimaces, à moins qu'on ne donne des signes non équivoques d'arrogance et d'orgueil, ce qui est encore plus mauvais. Qu'on se garde aussi de marquer sa colère en enflant les joues ou bien encore de se gratter le visage, de se caresser la barbe, de se frotter le nez ; ce sont là autant d'habitudes vulgaires, indignes d'un magistrat. Les catéchismes du

---

(1) LA ROCHE FLAVIN, *op. cit.*, liv. VIII, chap. 2, p. 421.

temps tolèrent cependant les soupirs, pourvu qu'ils ne soient pas trop fréquents: c'est une manière de soulager sa douleur. La tenue de la main doit être aussi surveillée que la contenance du visage, car c'est par la main que « nous requérons, prions, permettons, appelons, congédions, menaçons, supplions, nions, dépitons, flattons, bénissons, humilions, réconcilions, complaignons, attristons, réconfortons ». Les jambes sont, il est vrai, bien souvent gênantes à l'audience, aussi convient-il d'y songer, de les tenir droites, jointes et unies et non « jambes çà, jambes là, ni l'une sur l'autre ». Il faut bien croire que cette dernière recommandation fut mal observée, puisque le Parlement rendit un arrêt, toutes chambres réunies, pour imposer cette marque de décence (1).

Afin d'assurer le calme et le recueillement qui devaient régner aux audiences, on interdisait aux artisans qui exerçaient des professions bruyantes, serruriers, maréchaux, chaudronniers et autres, de s'établir aux alentours du palais. Mais c'étaient là, si l'on en croit les écrits du temps, des précautions bien inutiles, car il se faisait plus de bruit dans la salle du palais qu'au dehors. Les étrangers étaient souvent scandalisés de la mauvaise tenue des audiences ordinaires. On était loin, nous dit un conseiller du Parlement, du temps des Gaulois qui tenaient leurs assemblées et conseils avec tant de gravité et révérence que si quelqu'un prenait la parole pour interrompre un autre qui parlait, l'huissier qui était là, tout exprès, courait sur lui avec une épée au poing. Les avocats se plaignaient des

---

(1) La Roche Flavin, *op. cit.*, liv. VIII, chap. 32, p. 495.

magistrats qui ne les écoutaient pas ou causaient entre eux pendant les plaidoiries ou les interrompaient brusquement. Les magistrats reprochaient aux avocats de plaider avec négligence, sans aucun souci de la forme. « S'ils disaient des choses dignes de suspendre les esprits des écoutants, il ne faut pas douter que le silence de l'audience ne s'établisse de soi-même. » Mais certains avocats et procureurs se tiennent si mal qu'on dirait qu'ils viennent au palais pour voir jouer une farce. De pareilles inconvenances devraient être réservées pour les audiences grasses; on les appelait ainsi parce qu'elles se tenaient en carnaval, les jeudi, lundi et mardi gras. C'étaient de véritables parodies de la justice auxquelles se livraient les avocats, les jeunes procureurs et leurs clercs. On n'hésitait pas, au XVIe siècle, à en reporter l'origine aux bacchanales des Romains.

Toutefois, tous les écrits du temps s'accordent pour reconnaître que les audiences solennelles du Parlement étaient vraiment imposantes et pleines de dignité. C'est à une de ces audiences qu'il fallait se rendre pour se faire une idée exacte de la grandeur de la justice royale.

Ces audiences solennelles étaient plus nombreuses qu'on ne le croit généralement et si on les ajoute aux audiences ordinaires, au conseil, au travail personnel de chaque magistrat, on voit que la charge de conseiller au Parlement était loin de constituer une sinécure. Mais les conseillers avaient aussi de nombreux jours de repos pour se remettre de leurs fatigues.

Le Parlement ne siégeait pas pendant les vacances, sauf à la Chambre dite des vacations, ni pendant les jours de fête, et une affiche apposée dans chaque chambre faisait connaître ces jours. Ils revenaient d'ailleurs assez souvent; c'étaient les dimanches, les fêtes de la Circoncision, de Sainte-Geneviève (depuis 1478), de l'Épiphanie, du baptême de Jésus-Christ et le lendemain (depuis 1438), la Saint-Charlemagne, la Sainte-Croix, Noël, l'Ascension, la Fête-Dieu, toutes les fêtes de la Vierge, notamment celle de l'Immaculée-Conception, toutes les fêtes des Apôtres et des Évangélistes, la Nativité de saint Jean-Baptiste, les jours de la bénédiction du Lendit, de la Saint-Laurent, de la Saint-Louis, de la Saint-Christophe, de la Saint-Denis. Le Parlement ne siégeait pas non plus les trois premiers jours de novembre, les trois jours qui suivaient Noël, la veille de la Pentecôte et pendant trois jours après cette fête, le lundi et le mardi gras, le mercredi des Cendres, ni enfin pendant les vacances de Pâques qui duraient du mercredi saint au mercredi de la Quasimodo. Trois fois par an, le jeudi saint, la veille de la Pentecôte et la veille de Noël, les présidents et les conseillers laïques se rendaient au Châtelet et y accordaient la liberté aux prisonniers qui paraissaient dignes de cette grâce (1). Parfois on était obligé de supprimer l'audience, pour assister à une solennité publique, entrée du roi ou de la reine, *Te Deum* chanté à l'occasion d'un heureux événement, processions auxquelles étaient conviés les corps de l'État et de ville, obsèques du roi, de la reine, d'un prince du sang, d'un chancelier, d'un magistrat de la cour ou de sa femme. Mais la suppression de ces audiences répugnait beaucoup

---

(1) Voy. AUBERT, *le Parlement et les prisonniers.*

au Parlement; aussi toutes les fois que les circonstances le permettaient, au lieu de prendre congé toute la journée, on supprimait l'audience de relevée après avoir siégé le matin. De même les vigiles des fêtes solennelles, Noël, Pentecôte et la Toussaint, ainsi que le mercredi saint, le Parlement ne donnait audience que le matin afin que ses membres pussent assister, l'après-midi, à l'office des vêpres et se préparer à la communion du lendemain. Le jour de Sainte-Catherine et le jour de Saint-Nicolas, la cour avait l'habitude de faire célébrer une messe en musique, pour honorer la mémoire de cette sainte et de ce saint, patrons des écoliers et des personnes faisant profession des lettres. Après la messe, on prenait vacance, mais on avait tenu audience jusqu'à l'heure de l'office. Il n'y avait pas non plus audience l'après-dîner lorsqu'on avait prononcé le matin des arrêts en robe rouge, à cause de la longueur des séances du matin en pareil cas. Il ne faut pas oublier enfin que le Parlement était appelé, parfois au complet ou en grande députation, auprès du roi, pour lui donner des avis ou lui présenter des remontrances.

On voit que le conseiller passait, pour ainsi dire, au palais toute sa vie. Si elle était souvent fatigante, souvent aussi elle lui procurait les jouissances les plus diverses. C'était au palais, en effet, que circulaient toutes les nouvelles du jour, de la cour et de la ville; présidents, conseillers, avocats, procureurs, huissiers, sergents, répandaient celles qu'ils avaient recueillies dans leurs quartiers. On était au courant des affaires de l'État et des volontés de la cour, par les gens du roi qui requéraient l'enregistrement des édits, déclarations, lettres-patentes. Tout ce que l'Estoile nous apprend dans son curieux journal, il l'a recueilli au palais. C'est là que circulaient les sonnets politiques ou autres. « En ce même mois de janvier 1586, dit l'Estoile, Messieurs Ripault et Molevault changèrent leurs états de conseillers de la cour de Parlement en états de conseillers du Grand Conseil. Sur quoi, le palais, qui n'est jamais dépourvu de gens qui aiment à rire et à discourir sur les nouveautés et nouvelles du temps, publia la risée suivante... » En avril 1587, le roi Henri III se plaint au Parlement lui-même, de ce qu'il laisse circuler au palais toutes sortes de libelles diffamatoires contre sa personne et son État, « lesquelles ne servaient que de bois, de paille et de soufre à entretenir les brasiers des rébellions ». En 1592, les lettres de Rome, relatives aux affaires de France, courent tout le palais. On pourrait multiplier les exemples (1).

Il ne faudrait pas croire qu'en dehors des jours d'audience, le conseiller fût absolument libre; il était, au contraire, tout aussi occupé que les autres jours, par la préparation de ses rapports et par la réception des plaideurs. Il avait été autrefois défendu aux plaideurs de faire visite à leurs juges, mais cet usage avait disparu au XVIe siècle et l'usage contraire s'était établi à ce point que les écrits relatifs aux devoirs des magistrats s'occupent aussi de ces visites. Le conseiller doit recevoir tout plaideur avec bienveillance; qu'il se garde surtout d'avoir des chiens qui mordent, car ils pourraient s'attaquer aux plaideurs et

---

(1) Voy. pour tous ces faits les *Mémoires* de l'Estoile, t. I, p. 135; t. II, p. 325; t. III, p. 42; t. V, p. 199.

leur faire mauvais parti (1). On donnera aux plaideurs de sages et raisonnables avis. Il est d'ailleurs permis d'en recevoir des présents, non seulement après le jugement, mais même pendant le procès. C'est en vain que les ordonnances royales et les mercuriales essayèrent de supprimer cette coutume; on se résigna à la réglementer pour prévenir les abus et à ne permettre que les présents sans importance qui consistaient le plus souvent en comestibles. Il y eut cependant encore des plaintes et l'ordonnance de Charles IX de 1560, puis celle de Henri III de 1579 (art. 114), prohibèrent toute gracieuseté, si modique qu'elle fût. Mais ces nouvelles prescriptions ne furent pas plus observées que les précédentes. L'usage était si ancien, si général, si conforme aux mœurs du temps (car il ne faut pas oublier que quiconque exerçait une fonction, même le roi et la reine, recevait des présents) qu'on ne put jamais le déraciner. Le ridicule seul couvrait les magistrats qui en abusaient, et au Parlement de Paris le fait était tout à fait rare.

Les conseillers du XVIᵉ siècle évitaient aussi, pour la plupart, ce luxe qu'on reprocha aux magistrats des siècles suivants. Les écrits du temps rappellent aux conseillers l'exemple de Caton l'Ancien qui n'emmenait avec lui dans ses tournées que trois serviteurs et celui de Platon qui n'eut jamais que trois domestiques. Les valets, les cuisiniers, les palefreniers, les hommes de chambre, les secrétaires, les maîtres d'hôtel, les laquais, les pages, les estafiers, les suisses, sont permis aux grands seigneurs, mais

---

(1) La Roche Flavin, *op. cit.*, liv., XIII, chap. 88, p. 903.

interdits aux magistrats. Il faut en dire autant du luxe du mobilier, des tapisseries, des marqueteries, des lits garnis de broderie, des vaisselles d'or ou d'argent. L'appartement d'un homme de loi doit être à la fois modeste et décent. La plupart des conseillers habitaient le quartier de la Cité; le logement d'un magistrat se composait de trois ou quatre pièces. La principale formait son cabinet. Là étaient ses livres, ses sacs de procédure, classés avec plus ou moins d'ordre, suivant les habitudes du maître du logis. Pour les moins riches, la même pièce servait souvent de cabinet, de salle à manger et de cuisine, et pendant que le conseiller relisait son Digeste, ou préparait un rapport, sa femme, assise auprès de lui, tournait le rouet et surveillait le rôti dans l'âtre de la cheminée.

Pendant et surtout après le dîner, le conseiller racontait aux siens qui l'entouraient, tous les faits du jour et leur répétait les nouvelles qu'il avait recueillies au palais. La conversation se prolongeait ainsi jusqu'au moment où un doux sommeil s'appesantissait sur ses paupières. On prétend que certains conseillers éprouvaient parfois des inquiétudes lorsqu'ils rentraient chez eux après avoir jugé des affaires de sorcellerie. Le plus souvent, les prétendus sorciers étaient de piteux misérables qui faisaient triste figure, mais d'autres se montraient insolents. Ils regardaient fixement leurs juges et les menaçaient de leur jeter un sort. L'Estoile affirme que de son temps les conseillers ne tenaient aucun compte de leurs menaces et ne croyaient même plus à l'existence des possédés du démon (1). Mais

---

(1) L'Estoile, *Mémoires*, t. VII, p. 183.

les écrits de jurisconsultes ou magistrats prouvent le contraire. Ils ont soin de rassurer les conseillers, de leur rappeler qu'ils doivent la justice à tous, sans crainte ni faiblesse, en pleine liberté d'esprit et de conscience; que le sorcier essaie d'émouvoir le juge et d'obtenir sa pitié, qu'il s'attache à le fasciner, qu'il recoure même à la menace d'un sort, dans aucun cas le magistrat ne doit se laisser émouvoir. Dieu le maintient sous sa protection, non seulement contre la puissance humaine, mais aussi contre celle du diable et des malins esprits. Saint Augustin l'avait déjà formellement déclaré dans son deuxième livre de la *Cité de Dieu* et saint Thomas l'a répété dans son traité sur les miracles. Que le magistrat s'en souvienne à l'audience, et à la fin de la journée il jouira du sommeil du juste auquel il a droit pour avoir bien servi le roi.

Paris. — Typographie de Firmin-Didot et Cⁱᵉ, imp. de l'Institut, 56, rue Jacob. — 35561

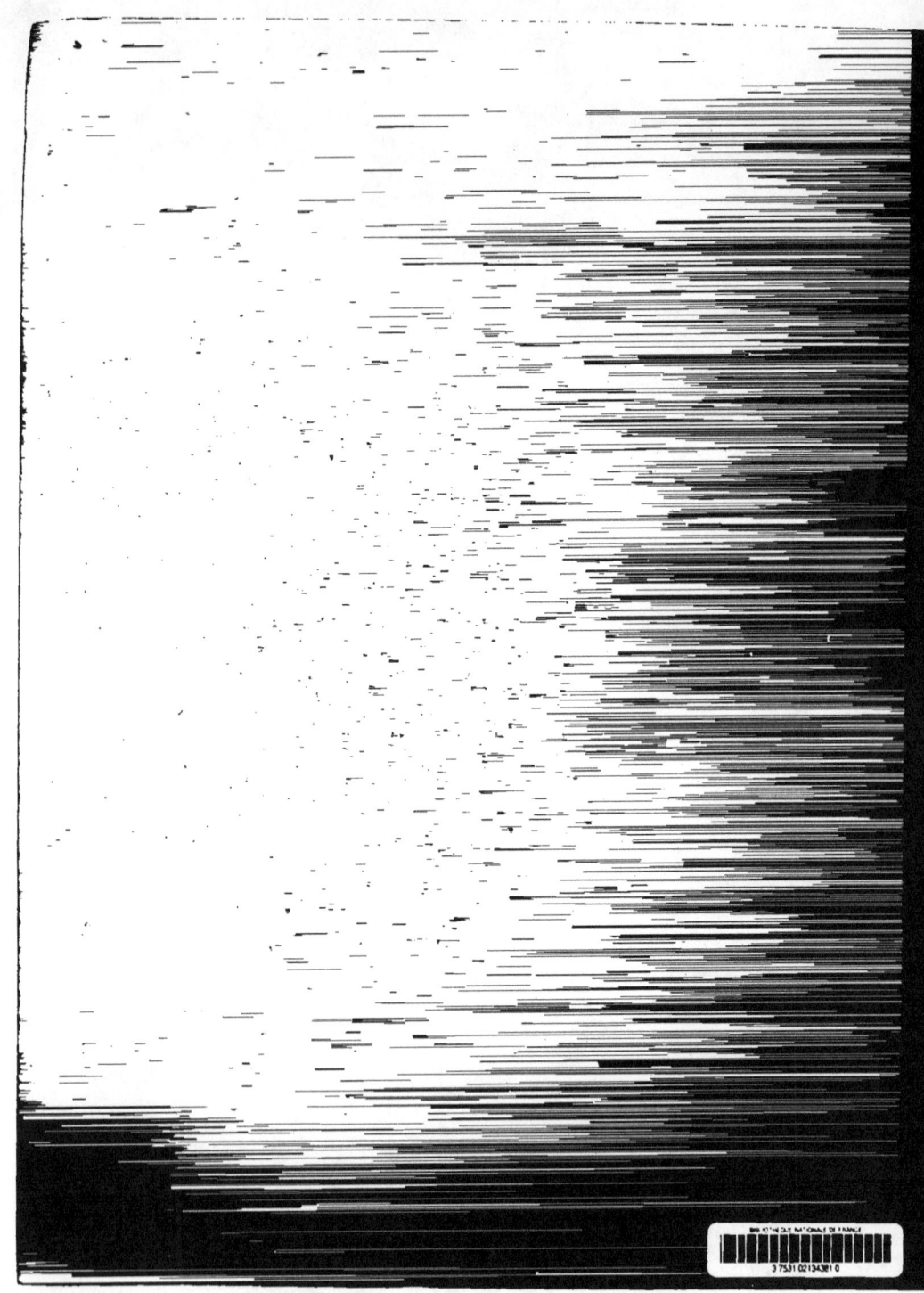

www.ingramcontent.com/pod-product-compliance
Lightning Source LLC
Chambersburg PA
CBHW060913050426
42453CB00010B/1690